RECIT DES CHOSES
remarquables qui sont en Italie.

LYON.

L'ABBAYE d'Aciné estoit anciennement vn Temple dedié à Minerue, où s'assembloient tous les iours les Rhetoriciens pour orer, & celuy qui faisoit plus mal son deuoir estoit puny à mort, dont Iuuenal fait mention par ses vers,

Aut Lugdunensem Rhetor dicturus ad aram.

Sur la montagne de sainct Iust, dans la ville, se voyent encores infinies remarques de l'antiquité & ruine de la ville ancienne, qui fut bruslée, dont Seneque en fait mention en vne de ses epistres *ad Lucillium*, en parlant de Lyon, *In hac vna vix interfuit inter vrbem maximam, & nullam denique, diutius illam tibi periisse quam periit narro:* Sur ceste montagne pourrez veoir Fouruiere, anciennement *Faurum Veneris*, & tout pres les Minimes, les vestiges des bains, en arcades de briques, à trois étages, où il y a encores quelque eau: descendant de la montagne, pourrez veoir le Priestr d'Erigni, qui a vn riche cabinet, de choses rares, qu'il monstre fort volontiers à chacun.

CHAMBERI.

La saincte Chappelle, enclose dans le Chasteau, toutesfois cela n'est rare pour se destourner, mais trois lieuës plus loing, estant à Montmillan.

A

MONTMILLAN.

Faut veoir le Chasteau du lieu, & entrer dedans, qui est tout roc entaillé.

Entre Argentine & Espierre, y a vne petite montagne, où se trouue vn animal, qui n'est en autre lieu, qui se prend la nuict auec chiens, le manger en est fort excellent, & s'en presente aux passans, comme chose rare; c'est vne espece de chien sauuage, ayant la teste entre chien & pourceau, le cri pareil à vn cochon, vn poil d'aigneau, le reste du corps en chien, la laine blanche, le dos martelé de couleurs rougeastres & noires. Pour les montagnes de Sauoye sont les Gorgeüs, ou Goistres, dont Pline fait mention. A Lanebourg, qui est vn village au pied de Montsenis, remarquez l'estrange habit des femmes, tout au contraire à celuy des Venitiennes.

MONTSENIS.

Encores que ne passiez au temps des neiges, pourrez veoir le lieu où l'on ramasse, & la façon qui est belle. Sur la montagne, le grand & petit lac tout gelé, & du poisson enclos dans les glaçons, & ne laisse d'y viure: La Chapelle des Transis, où on met ceux qui meurent de froid. Passant la montagne, à costé gauche en allant, passerez par le pied de la roche Romelon, où l'on est deux iours & demy à monter, & n'y peut-on aller que au mois d'Aoust, & faut porter auec soy du vin-aigre, pour defaillances & éuanoüissemens, qui prennent, à cause d'vn si soudain changement d'air, qui est subtil, qui attire les esprits à soy: le haut de la montagne est en la moyenne region de l'air.

TVRIN.

Le Palais du Duc, son cabinet, sa gallerie, ses jardins & fontaines, vne grande tour, au haut de laquelle l'on fait monter vne petite eau par artifice & moyen de roües, & de là prouiennent apres les eaux des fontaines des jardins, où elles entrent par canaux foubs terre, & viennent de bien loing: La porte Palas, qui eſt du coſté de France, & à preſent bouchée, par laquelle cuida eſtre faite la trahiſon de cinq charrettes de foin, dont fait mention Monſieur de Langey ſur la fin de ſon neufieſme tome: La Citatelle, où il y a vn puits, au fond duquel deſcend vn cheual; & ſortant, ne veoid, ny n'entend ceux qui entrent, combien qu'il ſoit en vie. Icy les femmes eſtant à la Meſſe, ne ſe leuent point à l'Euangile, diſant qu'elles doiuent ſeulement prier, & les hommes prendre les armes: En ce lieu commence la diuerſité des heures.

PAVIE.

Se veoid au coſté du Chaſteau vne grande remarque, quand le Roy François premier faiſoit battre la ville à coups de canon: En l'Egliſe *de Epifania*, ſont les ſepulchres de Baldus, & d'Alciat: En l'Egliſe de *San Pietro in cœlo aureo*, eſt le ſepulchre de S. Auguſtin: *Il mira Sole*, qui eſt vne ſtatuë à cheual, le tout de bronze, qui eſt au milieu de la place, dont faut ſçauoir l'hiſtoire. A vn mil' de Pauie, tirant vers Milan, verrez vne grand' plaine, où fut donnée la bataille, & le Roy François prins. A cinq mil' de Pauie, eſt la *Certoſa*, qui eſt le Conuent des Chartreux, fort renommé, pour le ſuperbe baſtiment. Pres l'emboucheure de *Trebia*, dans le fleuue du Po, eſt *Campus mortuus*, des anciens ainſi nommé; parce que en ce lieu fut baillée la cruelle bataille, où les Romains furent déconfits par Hannibal, durant le Conſulat de Sempronius. *Plutarcus in vita Hannibalis*, *Liuius lib.* 12.

MILAN LA GRANDE.

La Citadelle, en laquelle j'entray venant d'Eſpagne, par la faueur d'vn Gentilhomme Eſpagnol, auec lequel j'auois fait le voyage: & y eſtant, j'y remarquay la longueur d'vne couleuurine, qui eſtoit de vingt-deux palmes. Icy ſe trouuent infinies choſes de cryſtal de roche à bon marché, & pareillement s'y font les bonnes lames d'eſpée.

A ij

A MARIGNAN.

Qui eſt à deux mil' de Milan, ſe veoid hors la ville vne grande plaine, où fut la déconfiture des Suiſſes, l'an mil cinq cens quinze, par le Roy François premier, qui y beut de l'eau bourbeuſe d'vn foſſé, tout rouge de ſang, y ayant lors deux iours qu'il n'auoit mangé.

CREMONE.

La grand' tour, qui eſt au coin de la place, dont fait mention le Prouerbe : *Vna Roma, Vna turris in Cremona, Vnus portus in Ancona*.

MANTOVE.

Le pont de pierre, tout couuert de tuile, auec croiſées des deux coſtez, long de demy mil', ſur vne ruë du lac, & ſemble pluſtoſt vne galerie qu'vn pont : La Chapelle du Duc, ſon Palais tout peint par dehors, les eſcuries, tout à la grand' place : En vne place de la ville, l'effigie de bronze de Virgile : la grande Egliſe, aſſez belle, toute quarrelée de marbre : le ſepulchre de Gonzagues : la ville proche la porte; vn Palais du Duc, où entre autres choſes y a vne grand' ſale, en laquelle y ayant vn homme à l'vn des coins, & vn autre à l'autre coin, le plus loin & reculé, que l'on parle tant bellement qu'à peine il ne ſe puiſſe entendre ſoy-meſme, celuy de l'autre bout entendra diſtinctement; & ceux qui ſeront dans la ſale, ſoit au milieu d'eux, ou autre lieu, n'entendront choſe aucune : & ainſi, y ayant meſme frequence de monde, deux pourront diſcourir enſemble, eſtant l'vn à vn bout de la ſale, & l'autre à l'autre bout : Voyez-y auſſi la chambre des peintures : Allez par eau ſur le lac, iuſques à trois mil', à vn village nommé Pietol, où voirrez encores la maiſon de Virgile, & n'y a païſan qui ne vous la monſtre. Le voyage ſe fait en deux heures, les ruës ſont ſpacieuſes & belles, la place grande.

LIGNAGO.

Lignago, frontiere de l'Eſtat des Venitiens, ville tres-forte, la place petite, aſſez belle.

PADOVE.

Elle a fept mil' de tour, dans la ville y a de beaux Palais, prefque toutes les maifons ont des portiques fur les ruës: le Palais commun, qui eft moitié de marbre, autour duquel y a des pourmenoirs qui regardent fur l'vne & l'autre place, & eft l'vn des beaux édifices d'Italie: la grande fale d'iceluy, & les peintures qui font autour, auec la fignification d'icelles, qui font predictions de ce grand *Petrus d'Abano*; fur tout ce qui doit auenir à Venife, & la façon qu'elle doit perir: le fepulchre & effigie de Tite-Liue, au bout de ladite fale: *Il Sancto*, où faut voir la Chapelle de fainct Antoine, où il y a de la fculpture rare: le tombeau de Fulgofius en ladite Eglife: les tombeaux de la nation Germanique: le fepulchre d'Antenor, compagnon d'Æneas, fondateur de ladite ville, fuitifs de Troye, quand elle fut bruflée: l'effigie d'vn Hermite, homme tres-docte, qui eft fur vne des portes du Palais: les Efcoles, qui furent embellies comme i'y eftois: En l'Vniuerfité y a enuiron de mil efcoliers: C'eft la plus forte ville de l'Eftat des Venitiens: tout autour de la ville, à plus de deux mil' loin, il n'y a point d'arbres: A cinq mil' de Padouë, les bains d'Abano: & cinq mil' plus loin, ceux de faincte Helene: puis à vn mil' le mont d'*Arqua*, où eft le fepulchre de Petrarque, & fon pourtraict en bronze: la Safufine, pour s'embarquer à aller à Venife, & la façon, que le vaiffeau paffe pardeffus le rempart, en façon d'vne petite montagnette. Pour Venife, il fe trouuent des Liures de ceux qui en ont efcrit, comme Contarin, Donat, & autres, nonobftant ie ne laifferay d'en dire quelque chofe.

VENISE.

La fituation de la ville, qui eft baftie prefque toute fur mer, le grand Canal, les beaux Palais qui font au long d'icelle, entre autres celuy de Fofquarini, où fut logé le Roy Henry troifiefme, à fon retour de Pologne, & celuy de Grimani, qui eft de marbre blanc: Le pont Royal, la place de S. Marc, l'Eglife, les quatre cheuaux de bronze qui sont au-deuant, qui ont esté apportez de Constantinople; le Palais du Duc, les sales, & les belles peintures, qui sont la plus-part la representation des batailles que la Republique a gagnée sur ses ennemis. L'on vous monstrera la façon dont ils vsent à absoudre & condamner ceux qui sont accusez de crime, le tresor de la Seigneurie, qui est en monstre és grandes Festes annuelles, l'arsenal des nobles: Y estant l'on nous monstra vn cadenat, dont vsoit le dernier Duc de Padouë, pour se guarir de la jalousie qu'il auoit de sa femme: la Librairie de sainct Marc, qui fut laissée par testament à la Republique du Cardinal Bessarione: le Bucintore, la Chapelle du sainct Sepulchre, l'horloge qui est à l'entrée de la place de sainct Marc: là se veoid l'image des Anges, qui par artifice se remuent, & vont battre l'heure; & passant deuant l'image de la Vierge Marie, luy font la reuerence: la sepulture de Barbarigo, Gouuerneur de Famagoste, qui fut (apres la redition de la ville, contre la foy promise par le Bascha des Turcs) fait escorcher tout vif: la *Zueca*, qui est vis-à-vis de Venise, voyez-y l'Eglise de sainct Benoist, & celle des Capucins; là est la demeure des Iuifs, qui sont nombre. Ce qui est plus digne de veoir, c'est le grand Arsenal, où il y a deux cens galleres, & est fourny de toutes les armes & munitions qu'il leur faut: tellement que celuy qui le veoid est estonné; & y a trois cens ouuriers qui y trauaillent; & la despense de l'entretien se monte par sepmaine cinq mil' escus, selon ce qui me fust dit y estant: les Venitiens commandent enuiron à quinze cens mil' personnes, & ont deux millions d'escus de reuenu de leur Estat: Et l'on peut dire de la Republique de Venise, qu'en elle seule vit l'ancienne gloire Italienne. A Muran, proche de Venise, se font les beaux miroirs, & verres de crystal.

VERONNE.

La plus belle Cité des Venitiens, elle tient enuiron sept mil' de tour, il y a des superbes Palais, y faut veoir l'amphiteatre fort beau & entier, qui est en forme d'ouale: anciennement c'estoit vn lieu où se tuoient les lions, & autres fieres bestes; les hommes aussi y ont combatu ensemble; il est tout enuironné d'escheles de pierre, qui s'eflargiffent par haut, fur lefquels fe feoit le peuple pour veoir: il a efté bafty par vn particulier, comme il s'apprend par l'infcription; Auiourd'huy vn Roy auroit de la peine de faftir vn pareil édifice; vous y verrez les veftiges *del Campo Marzo*.

BRESSE.

La plus riche ville de l'Eftat de Venife.

FERRARE.

Le Chafteau, le Palais de marbre à pointe de diamant: En l'Eglife de fainct Benoift, l'on y veoid le fepulchre d'Ariofte, qui eft de porphire & marbre noir, auec fon effigie de marbre blanc, la *Montagneta*, & la *Montagnola*; deux iardins, qui font dans la ville: & hors icelle, voyez *Beluedere*, l'on y remarque les ruines du tremblement de terre, les ftatuës du premier Duc de Ferrare & Markis, en bronze, qui font au coin de la place: les ruës longues & larges, & belles au poffible; le jeu de paulme fort long & beau; l'artillerie, entre laquelle il y a des pieces qui font tres-belles, pour la grandeur: les peintures des Ducs & Markis de Ferrare, auec leurs noms & armoiries, qui font à la court du Chafteau; Auiourd'huy la ville eft foubs l'obeïffance du Pape.

MODENE.

A *Modena* & *Caieta* font les plus belles femmes d'Italie; icy fe font les plus beaux mafques du monde, qu'on dit en France eftre de Venife, & auffi des rondaches de cuir, dorées & grauées, dont y a grand nombre d'ouuriers. Entre la Mirandole & Bologne y a vn chemin fourchu, où paffe vne petite eau, & s'appelle à prefent *Forcelli*, qui eft où fut fait le Triumvirat, dont l'Italie a efté ruinée.

PARME.

L'Eglife de la *Madona d'Agofto*, baftie de marbre ruftique, fort belle par dedans, & en icelle le Sepulchre de Ciprian de Roye. Sur tout ce que vous pouuez defiré veoir de beau en Italie, parlez au Garde du Chasteau où le Duc se retire l'Esté, qui pour peu de chose vous fera veoir la fontaine, & autres choses, les plus artificieuses qu'il est possible. Aux Capucins est la sepulture d'Alexãdre Farnés, Prince de Parme. A *Regio* se font les beaux ouurages d'os.

BOLOGNE.

Bologne, toute creuse par-dessous, au moins les ruës : la fontaine de la place, chose excellente & belle, toute en bronze : la statuë du Pape Gregoire treiziesme Boulonnois ; & à costé celle de Boniface huictiesme, où il y a ceste inscription, *Bonifacius octauus ob eximia erga se merita S. P. Q. Bononiensis posuit*. En ceste place y a plusieurs boutiques, où se vendent pommes de senteurs à lauer les mains, qui sont les plus excellentes qui se facent en Italie : le Palais de la Seigneurie, non beau, sinon pour la grandeur, & qu'il est logeable de seize cens personnes : A costé dudit Palais, lisez la coronation de l'Empereur Charles Quint, par Clement septiesme. *Sanct Petronio*, belle Eglise, pour la grandeur du vaisseau ; & en icelle le sepulchre de Gratian, qui a fait les Decretales. *Sanct Dominico*, où faut veoir la marqueterie des cheres ; & vne Chapelle par haut, où l'on va par vn perron, & là est le sepulchre de sainct Dominique, fort richement basty de marbre blanc, & statuës. Plus y a les sepulchres de *Augustinus Bertus, Hipolitus Marsilius, Ludouicus Bologninus, Bartolomeus Sala*, hommes doctissimes. A *Sanct Francesco* est le sepulchre d'Acurse, & de son fils ; à l'entrée du Conuent il y a ceste inscription : *Sepulchrum Accursij glossatoris legum, & Francisci eius filij* ; plus les sepulchres de *Bartolomeus Magus*, grand Philosophe : *Buccaferreus Angelus, Cynus Politianus capitalium causarum iudex Apostolicus Iurisconf*. En l'Eglise des Minimes le sepulchre de *Mirandola* : *Il giardino del Poeta*, dans la ville : la *Torre Donelli*, chose rare pour la hauteur ; l'habit des gentilles *Donnes* Boulonnoises, accoustrées comme les Espagnoles : & auant souper, trouuez-vous *al corso*, où elles sont presque toutes. Les beaux Palais *di Malnezzi, Pogi, Fantusci, Bentiuogli, Campegi, Pepoli,*

Pepoli, tous de marbre blanc, à pointe de diamant. Hors la ville, contre la porte le Conuent d'*Elli Ignoranti*, qui ne seruent autre chose que faire eaux distilées, où en trouuerez de toutes sortes que voudrez demander, soit pour senteur, ou remedes de maladie, fards de femmes, & quinte-essence. Plus auant, vn peu montant à la montagne, voyez *Sanct Michel in Bosco*, qui est le plus beau lieu, & en plus belle situation qui se puisse veoir: & là y a quantité de marqueterie, tellement rare, qu'elle surpasse toutes sortes de peintures: Vous voyez dans le Conuent, Rome & Hierusalem bien peintes. *Carolus Sigonius*, qui est le plus grand homme en doctrine de ce temps, principalement en l'histoire, en quoy il a tres-bien composé. Chez les heritiers d'*Aldroandus*, Gentilhomme Boulonnois y a deux chambres & cabinets remplis d'vne infinité de choses rares: Il n'y a lieu où se voyent bœufs de telle grandeur & grosseur, d'où est defendu d'en enleuer, sur peine de la vie; de sorte que les païs circonuoisins n'en peuuent auoir de tels: Les escoles de Bologne grandes & belles, auec beaux portiques par dehors: les priuileges des Allemans y sont escrits: Dauantage, voyez la ruine de *Bentinogli*, qui est vne grande place, où estoit le Palais dudit *Bentinogli*, qui fut demoli par le commandement du Pape, à cause qu'il s'estoit rendu maistre par tyrannie dans Bologne, & de la Comté: le College d'Espagne, fondé par *Ægidius Albornotius*, Cardinal Arragonnois: le sepulchre de *Garcia de Paredes*, qui a esté general des Espagnols contre les François, à la guerre de Naples.

Ce qui est escrit à *Sanct Dominico*.

D. O. M.

Viator quis es siste gradum; & quid scriptum est perlegeris; pensita, hoc is cuius causa hoc scriptum est fieri rogat: Orto inter Mutinenses & Bononienses bello; Cæsar Federicus Romanorum imperator filium Hentium Sardiniæ ac Corsicæ insularum regem Mutinensibus supetias ferre iubet, & inito apud diui Ambrosij pontem certamine, à Bononiensibus capitur, nullaque re vt dimitatur impetrat, licet pater, minis, deinde precibus, & pretio vteretur tum acutum auri pro redimendo filio police-

retur, quantum ad mœnia Bononia circulo aureo cingenda sufficeret: sic captiuus annos duodecim menses nouem, dies sexdecim tenetur, aliturqué regio more publica Bononiensium impensa; hic defunctus; magnificentissimè funeratus, hic tumulatur & simulachrum hoc in perpetuum monumentum, hosti & captiuo Senatus Populusqué Bononiensis posuit. Anno salutis milesimo centesimo septuagesimo secundo, tertio Martij.

PISE, Vniuersité.

Le Palais de la Seigneurie, appellée la *Priorita*; celuy du Duc de Florence, pres lequel est vne verrerie: la *Sapienza*, qui sont les escoles: *Sancta Maria Maggior*, toute de marbre blanc & noir, les portes de bronze, ouuertes, & apportées de Hierusalem: tous les piliers de marbre, tous d'vne piece, & de hauteur admirable: la voûte à la Mosaïque, & le bas de belles couleurs diuerses: *Il Campanile*, admirablement basty: & au bas vne colomne de porphire, aussi grosse que longue; & sur icelle vne vrne, *Il Baptisterio* tout proche *Il Campo sancto*: l'arsenal du grand Duc.

LVCQVES.

Quelques Palais, entre autres celuy de *Bonvisi*; Au haut du Palais de la Seigneurie y a deux vers grauez, qui sont moraux; sçauoir,

*Qui sequitur gulam taccillos & meretrices
Infamis nudus semper egenus erit.*

Pres de Lucques sont les bains. De *Pistoia* à Florence y a vn chemin droit à la ligne, durant dix mil', fossoyé des deux costez, remply d'eau, & planté d'arbres, qui semble vne longue allée de iardin, & à my chemin est *Poggio Cagiano*, lieu de plaisance du Duc.

FLORENCE.

Sancta Maria del Fiore, par dehors tout de marbre blanc, noir

& rouge, qui est le plus superbe bastiment d'Italie: *Sanct Gioanni*, *il Campanile*, où l'on peut aller à cheual iusques au haut *Il Batisterio*; les portes de bronze, excellemment élabourées, lesquelles les Florentins (apres la conqueste de Pise) firent apporter: la *Cupola*, que les Architectes admirent tous. A *Sancta Maria del Fiore* est le sepulchre de *Marsilius Ficinus*, qui a escrit sur Platon. Dans la Chapelle de sainct Iean est l'epitaphe de Baltasar Cossa, duquel l'effigie est representée en Bronze. *Sanct Lorenzo*, où sont enterrez tous les Ducs: Voyez le plus excellent œuure que Michel Ange feist iamais en sculpture, qui est en vne Chapelle qui est hors l'Eglise, & y a quatre statuës, representant le iour & la nuict, le matin & le soir: Au preau de ceste Eglise, sous la gallerie, est le sepulchre en marbre de Paul Ioue Euesque, qui a descrit l'histoire de son temps.

Sancta Crocé est le sepulchre de Michel Ange, qui mourut à Rome, estant banny par le Duc; y a sur l'epitaphe qui luy a esté fait des statuës qui sont autour, denotant la peincture, sculpture, & architecture, dont il auoit comme attaint la perfection. Quinze Autels, ornez de peintures rares, dont aucunes sont de la main de Michel Ange. L'*Anonciata*, les Lions, Tigres, Ours, Loups, Aigles, Vautours. Le Palais du Duc, & en iceluy la chimere de bronze, trouuée sous terre à *Arezo*, dont n'auions cognoissance que par ceux qui en ont escrit, ne s'en trouuant auiourd'huy au monde; La bibliotheque du grand Duc.

En la garderobe du Duc, les Pandectes Florentines de *Petrus Victorius*, des plus rares hommes de son siecle, en toutes sortes de doctrines, mais sur tout en Philosophie, estant auec *Sigonius*, les deux plus grands personnages d'Italie de leur temps. A la porte du Palais *Hercules Anteus*, le lion, & le lis, auecque la signification d'iceluy, puis celle de *Perseus*; En la place du Palais la fontaine, & les poissons dedans; la statuë de bronze de Cosme de Medicis, qui est esleuée: la galerie du Duc, qui conduit du Palais du Duc iusques au Palais de *Pithi*, dans laquelle y a plusieurs statuës de marbre, & rares peintures: Dans ledit Palais de *Pithi* y a choses rares, appartenantes au Duc, les iardins & grottes, le lieu où le Duc fait trauailler en pierreries, alambiquer les metaux, & autres œuures d'artifans qui fe font : la table de pierre, le Palais de *Strozzi*, le iardin où font les fimples : En maifon de plufieurs y a des meubles tout de pierreries, & autres chofes rares, fontaines excellentes, & beaux iardins. Icy fe trouue d'excellent, plus qu'en autre lieu la farge, qui vaut ordinairement deux efcus la braffe, qui font quatre efcus l'aune, & y en a peu à meilleur marché ; à quoy cognoiftrez que celle qu'auons en France n'en vient, eftant auffi celle que voirrez fur le lieu auffi belle que foye.

L'on achete auffi le fil de Florence au Conuent des Religieufes dans la ville, demandant permiffion de parler à elles, puis les cordes de luth, qui ne couftent que cinquante fols la groffe : les eftofes de foye noire y font fort bonnes ; mais pour celles de couleur, n'y a que Venife : Les deux fortereffes, celle de *Pithi*, nouuellement baftie, lefquelles on ne monftre aucunement, & ne fe voyent que par dehors, & de loin : neantmoins, l'on rapporte que dans celle de *Sanct Miniato* y a cent cinquante pieces de campagne : fi paffez à la faifon, pourrez prendre des greines de fenoil, & de melon. A l'entour de la ville y a plufieurs belles maifons, où fe vont pourmener les Gentils-hommes en Efté. Le Duc a trois beaux Palais hors de la ville, bien ornez de fontaines, fçauoir eft *Pratolini & Poggio, & Caftello*, Pratolin n'eft diftant que de fix mil' de Florence. Le grand Duc a trois Eftats, fçauoir eft Florence, Pife, & Sienne, ils contiennent quinze Citez, & eft Seigneur d'enuiron d'vn million d'ames.

SIENNE.

Le Palais de la Seigneurie, & la place qui eft deuant, faite en amphitheatre : le Palais de *Picolomini. Sancta Maria*, qui eft par le dedans, la plus belle Eglife d'Italie, ny d'autre lieu que i'aye veu. Icy eft le plus beau & doux langage d'Italie, & principalemēt celuy des femmes : La chambre où eft morte Madame fainête Catherine de Sienne, qui eft toute peinte, dans laquelle l'on dit la Meffe.

Eftant à *Ronciglioné*, petite ville, allant à Rome, y a à cofté fort proche vn beau & riche Chasteau, qui est au Cardinal Farnés: pour édifices, marbre, peintures, jardin, fontaines, comme pour plusieurs autres choses dignes d'estre veuës par personnes curieuses, qui se nomme *Caparoli.* Depuis ce lieu iusques à Rome, se remarquent plusieurs restes *de la Via Flaminia.*

Dans la ville de *Montefiascone,* où croissent les bons vins muscat, on y lit l'epitaphe d'vn Gentil-homme Allemand, que luy meit son seruiteur, qui mourut pour auoir trop beu, apres s'estre eschauffé, *Est, est, est, & propter id est, mortuus erus hic meus est.*

Il y a *Bagnaia,* qui est vn des beaux jardins d'Italie, pour le nombre des belles fontaines qu'il y a.

A trois mil' loin de Rome, auant que y arriuer, se voyent à trauers les champs infinis sepulchres, & autres monuments anciens, qui meritent estre veuz de pres.

A deux mil' de Rome, se passe sur le pont *Milinus,* où Ciceron descouurit la trahison des Ambassadeurs.

ROME.

Quant à Rome, il y a plusieurs Autheurs qui en ont escrit tout ce qui se veoid auiourd'huy de remarquable, neantmoins ie ne laisseray d'en dire quelque chose.

Les Eglises de sainct Pierre, de sainct Iean de Latran, & saincte Marie *Maior,* la Chapelle de Gregoire treiziesme, & celle de Sixte cinquiesme, le nombre des sainctes Reliques qui y sont, que l'on monstre la sepmaine Saincte, & les Festes de Pasques; les Palais, tant du Vatican que du *monte Cauallo,* les galleries, les peintures, les fontaines, jardins, & statuës: les vignes du Cardinal de Medicis, & du Cardinal Fernés: le Palais dudit Cardinal Fernés: le tresor du Pape; la ruë du cours, qui est longue d'vn mil', où l'on a accoustumé de faire courir les cheuaux, que l'on appelle courir le manteau, d'autant qu'il se donne du drap pour en faire vn à celuy qui a le mieux couru: la Bibliotheque Vaticane, l'Eglise de la Rotonde, qui a esté bastie par *Marcus Agrippa,* où il y a huict belles colomnes de bronze deuant la porte: les termes d'*Antonius* & de *Diocletian,* où à present est l'Eglise des Chartreux: les arcs triōphans, entre autres celuy de Titus Vespasia: la colōne

B iij

de Trajan, qui est haute de cent vingt pieds; il y a cent quatre-vingts dix eschelons pour y monter; les os de Trajan y furent mis dedans vn vase d'or: par le dehors tous les faicts dudit Empereur y sont representez en sculpture: la colomne d'*Antonius Pius*, qui est semblable à l'autre: La *Mole di Adriano*, qui fut fait pour sa sepulture, qui a esté vn miracle du monde: la sale des armes, auiourd'huy l'on l'appelle le Chasteau de sainct Ange, il y auoit plusieurs colomnes, que l'on veoid auiourd'huy dedans l'Eglise de S. Paul, toute d'vne piece, d'vne hauteur & grosseur admirables: au haut se voyoit la statuë de Adrian l'Empereur à cheual, la sepulture de *C. Cestius*, qui est en forme de piramide, qui se veoid hors la porte de sainct Paul: les obelisques, qui ont esté apportées d'Egypte, qui sont deux fois plus larges au bas qu'elles ne sont au haut: Il y a eu grand peine à les dresser où elles sont; & pour-ce, il y a escrit dans l'vne d'icelles ces deux vers,

Si lapis est vnus dic qua fuit arte leuatus
Sed si sunt plures dic vbi congeries:
Le Campidole.

L'epitaphe de Marc Antoine, Colomne.

S. P. Q. R. Marco Antonio Colonæ ciui optimo triomphali debitum mœrenti munus, & vtile posteritati exemplum, grata patria posuit. Anno M. C. LXXXV.

Autre epitaphe du Duc de Parme.

Alexander Farnesius Octauij filius Parmæ & Placentiæ Dux tertius prouinciam nactus Belgicam Philippi Hispaniarum Regis in prouincia gubernator. Masticum vrbem munitissimam expugnauit. Bironium Gallum diuersarum prouinciarum ducem collocatis signis prælio vinxit Dunquerqum, Gandinum, Brugas, Hypros, Bruxellas, Exclusam aliaqué plurima Belgij opida, aut vi cœpta, aut ad deditionem compulit Antuerpiam humanis viribus inexpugnabilem ingenti ad Scaldum fluuium operum multitudine circummunita, in deditionem accepit. Belgas in Philippi Re-

gis potestatem, & ad Ecclesiæ Romanæ obedientiam reduxit hasce ob res aliasque fœliciter gestas S. P. Q. R. summus Imperator elogio prope maiorum triomphos quorum gloriam certè aquauit ornatus est.

A quinze mil' de Rome, voyez *Tiuoli*, qui est chose si excellente qu'elle ne se peut descrire en peu. Au-dedans de la ville, voyez la *Cascata*, qui est le rocher où l'eau se precipite de telle impetuosité, que quelquesfois elle fait feu : l'eau se nomme *Teueronne*, & est tellement froide, que tout ce qui tombe dedans, se conuertit en pierre. Ce que verrez, & pourrez apporter des herbes, branches, arbres, fueilles, & autres choses conuerties, retenans leurs formes & filamants. Hors Rome, voyez à deux mil' *Capo di boue*, où est le sepulchre de la femme de *Crassus*, auec l'inscription : Tout là proche, *Circus Caracalla*, où y a vne grande pyramide, renuersée au milieu : Et pres de ces deux lieux, y a grand nombre de bastiments ruinez, qui sont sepulchres anciens, & entre autres celuy de la famille des Scipions : Deux ou trois mil' plus loing, y a de grandes ruines, & plusieurs murs sur pied, qui est la ville d'*Alba*, qui estoit long temps auant Rome : En chemin se trouuent cinq grãds sepulchres, qui sont des trois Curiatiens Albanois, & deux Horaces Romains : A douze mil' de Rome est *Frescata*, appellée anciennement *Tusculum*, où se voyent plusieurs antiquitez, tant par la ville qu'és enuirons : A douze mil' de Rome, *Ostia & Porto*.

DE ROME A NAPLES.

Deux mil' auant qu'arriuer à *Veletri*, regardez à costé droit vne montagne en mer, sur le riuage appellé *Monte Cisciello*, où habitoit anciennement ceste meschante enchanteresse Circé, qui destruit tous les compagnons d'Vlissés.

Veletri, ville à quinze mil' de Rome l'Empereur *Octauius* estoit de ce lieu, & se voyent encores les ruines de son Palais, trois mil' par delà *Piperno*: Est sur le chemin vne Abbaye fort riche, où estoit enterré sainct Thomas d'Aquin, duquel le corps fut transporté à Tholouse, par vn Roy de France : De Rome à Naples, se voyent plusieurs restes de la *Via Appia*, qui estoit toute pauée de l'vn à l'autre, que *Appius* fit pauer. *Terracina*, petite ville, toute ruinée d'ancienneté, jadis nommée *Auxur* : A vn mil' plus loin se voyent des murailles de larges pierres quarrées, brisées, & toutes rompuës ; Là és enuirons fut ensepulturé Ciceron.

Gaieta, à costé droict sur la riue de la mer, petite ville, & beau chasteau, où y a vn rocher admirablement fendu, que l'on dit estre lors que nostre Seigneur Iesus-Christ souffrit mort & passion, suiuant ce qui est dit, *Petræ scissæ sunt*, comme il aduint en plusieurs autres lieux. Les histoires nous tesmoignent, que lors tomba la moitié du Temple de la Paix, que l'on void à Rome, *In foro Romano* : Quoy qu'il y ait, il est certain que *Gaieta* est le lieu où *Æneas* arriua, & print terre en icelle, & y donna ce nom, à cause que sa nourrice se nommoit *Gaieta*, voulant par là appeller l'Italie sa mere nourrice : là fut ensepulturé Charles de Bourbon, qui fut tué deuant Rome ; on y lit l'inscription en Espagnol, qui est sur sa tombe, sçauoir est, *Francia mi hà dado la leché, Spagna fuerça y Ventura, Roma la muerte, Gaieta la sepultura*. Estant plus loin, sur le pont de *Rio alto*, vous retournant arriere, descouurirez à plain toute la ville de Gaiete.

Auant que passer par le Garilian, fleuue, se veoid l'Amphiteatre de *Cleopatra*, & les beaux acqueducts en arcades de briques: En ces quartiers, & principalement vers la mer, qui est proche, à costé droict, croissent des cannes & roseaux de sucre.

A roca di monte dragone se veoid monté *Phalerno*, où croissent les vins, dont anciennement ils faisoient tant de cas, & dont Horace & autres parlent souuent, *Vina Falerna*.

Sur le grand chemin l'on y veoid force tombes closes, celle de *Tulliola*, fille de Ciceron, laquelle ayant esté ouuerte, du temps de Paul troisiesme, fut trouuée dedans la sepulture vne lampe allumée, laquelle lumiere ayant senty l'air, s'esteignist, ayant esté allumée plus de mil' cinq cens cinquante ans : ladite lumiere estoit dedans de l'huile incombustible, qui ne se consommoit, de laquelle nous en auons perdu l'vsage.

Volturno, fleuue venant de Capoué, qu'il faut passer : là se voyent les restes d'vn pont, qu'Hannibal y auoit fait bastir. *Patria*, village, & fleuue, ainsi nommez : en ce quartier fut decapité Ciceron,

ceron, estant en sa litiere. Plus loin, non sur le chemin, mais tirant à droicte, vers la marine, est le sepulchre de *Scipio Africanus*, qui mécontant se retira de Rome en ce païs, en disant ordinairement,

Ingrata patria ne ossa quidem mea habebis.

La *Grota*, qui est la montagne de Pausilipé, persée de bout en bout, de la longueur d'vn mil' & plus. *Sancta Maria del Paradiso*, y a des iardins sur vne montagne, où est le sepulchre de Virgile, qui est fort vieil bastiment, au haut duquel sont escrits ces deux vers,

Mantua me genuit Calabri rapuere, tenet nunc.
Parthenope, cecini pascua, rura, duces.

Pres de ce lieu est *sancta Maria del prato*, où se veoid vn fort superbe & magnifique sepulchre de Sannazare, grand Poëte: En ce fort bourg de Kiaia sont les iardins de *don Garcia de Toledo*.

NAPLES.

Castel nouo, *castel del ouo*, *Castel sanct Elmo*, le port ou Mole: les iurisdictions appellées *I Seggi*; *Il Mercato*, *La Vicaria*, *San Gioanni in Carbona*, la plus belle Eglise de Naples, où se veoid le sepulchre du Roy Ladislaüs, & deux Chapelles les plus superbes qu'il y ait au monde possible de veoir; l'vne au Prince de Sesse, l'autre à *Carracioli*, Marki de *Veco*. En ceste Eglise il y a plusieurs epitaphes François: Il y a aussi vne pierre de marbre, laquelle estant regardée de loing, il apparoist vne teste d'homme, representée par les veines de pierre, aussi naïfvement que si c'estoit peincture de couleur; mais de pres n'y a marque ny apparence.

Au haut d'vn pilier y a vn coffre de fer, où sont escrits ces propres mots en François, *Qui l'ouurira fera bien*; *Qui l'ouurira fera mal*. *San Pietro ad aram*, anciennement c'estoit vn Temple dedié à Appollon. *Sancta Maria Maggior* est vne Eglise hors laquelle y a vne Chapelle, où est le sepulchre de *Pontanus*. *Sanct Paulo*, jadis Temple de Castor & Polux, où se veoid le portique, auec l'inscription propre. *Monte d'Oliueto*, où est ensepulturé *Alexander ab Alexandro*. *Sancta Albis*, bastie par trois François, Escuyers du

C

Roy Charles I. comme appert par l'inscription de la fondation *Sancta Maria nuoua*, où se voyent les sepulchres que les Espagnols ont fait faire à Monsieur de Lautrec, & à Pierre de Nauarre, Cantabrois, leurs ennemis, dont l'inscription est, *Odeto Fiesolo Lautreco, Consaluus Ferdinandus Ludouici filius Corduba magni Consalui nepos, cum eius ossa quamuis hostis in auito sacello ; vt belli fortuna tulerat sine honore iacere comperiisset : Humanarum miseriarum memor Gallo duci Hispanus princeps posuit.* L'autre inscription est, *Ossibus & memoriæ Petri Nauarri Cantabri solerti in expugnandis vrbibus arte clarissimi Consaluus Ferdinandus Ludouici filius, magni Consalui nepos suessæ princeps ducem Galloru partes sequutu pro sepulchri munere honestauit: cum hoc in se habeat præclara virtus, vt vel in hoste sit admirabilis.*

Les Palais *del Principe di Salerno*, où est à present la maison des Iesuistes, *del Duca di Seminara*, des Vrsins, *Garafa*, où y a plusieurs antiquitez : le Palais *del Duca di Grauina*, dont l'inscription est, sçauoir,

Ferdinandus Vrsinus genere Romanus Grauinensium duc & Nerulanorum Comes conspicuam hanc domum sibi suisque amicis à fundamentis extruxit. Les pierres dudit Palais sont taillées à pointe de diamants.

Voyez l'Eglise de sainct Dominique, bastie par Charles II. Roy de Naples ; son cœur y est enseuely, comme il appert par ces quatre vers, qui sont escrits à l'entrée de la porte,

> *Karolus extruxit cor nobis pignus amoris*
> *Seruandum linquit, cætera membra suis*
> *Ordo colet noster tanto deuictus amore*
> *Extolletqué virum laude perenne pium.*

Dans la Sacristie de ladite Eglise, vous y voirrez trois cercueils couuerts de drap d'or, dans lesquels sont les corps d'vn Roy, & des deux Ieannes qui ont esté Reines de Naples : vous y voyez aussi la celule de sainct Thomas d'Aquin, au haut de laquelle y a escrit ces mots, *Dicessit & non decessit*: l'on y monstre l'image du Crucifix, laquelle par la puissance de Dieu profera ces mots, *Bene scripsisti de me Thoma*: Pourrez aussi voir le cabinet *de Ferrante Imperato*, où il y a des choses rares, qu'il monstroit fort volontiers: entre autres, il me feit veoir vn Pigmée. Dans la grand place *del Mercato*, y a vne Chapelle, qui est le lieu où Corradin, & vn Prince d'Austriche eurent la teste trenchée, par Arrest; l'on y dit Messe trois fois la sepmaine, pour le repos de leurs ames. Il y a vne petite Eglise, qui n'est pas loing du Chasteau neuf, où est escrit cest epitaphe,

> *Hæc carnis gloria quæ magis perditur*
> *Sacris in literis, flos fænæ dicitur*
> *Vel leue folium quod vento rapitur*
> *Sic vita hominis à luce tollitur*
> *O esca vermium, ô massa pulueris,*
> *O fex, ô vanitas, cur sic extolleris*
> *Ignorans penitus vtrum cras vixeris*
> *Fac bonum omnibus quamdiu poteris*
> *Nihil tuum dixeris quod potest perdere*
> *Quod mundus tribuit intendit rapere*
> *Superna cogita, cor sit in ætere*
> *Fœlix qui potuit mundum contemnere*
> *Virtus ad ætera.*

Voyez le sang de *Sanct Gennaro*, protecteur de la Cité, qui est dans vne ampoulle, lequel encores qu'il soit gelé d'ordinaire, neantmoins vous approchant de la teste dudit sainct, visiblement l'on void ledit sang degelé. Pareillement voyez le sang de sainct Iean Baptiste, qui est clair comme vn rubi le iour de sa Decolation. Dans la ville de Naples, resident ordinairement trente Princes, vingt-quatre Ducs, trente Markis, & cinquante-quatre Comtes, & tiennent chacun leur Palais, & y a beaucoup d'iceux qui ont de reuenu quarante mil, cinquante mil, quatre-vingts mil, & cent mil ducats de reuenu : la ville est peuplée, selon la croyance commune, de plus de trois cent mil personnes : Il y a vn mont de pieté, qui preste à toutes personnes de l'argent, lequel a de reuenu pres de cent mil escus par an : Tient pour l'ordinaire en diuers lieux du Royaume huict

C ij

ou dix mil' enfans à nourriſſe. Il y a dans le Royaume de Naples vingt Archeueſchez, & cent ſept Eueſchez. Il y a des mines de ſel, de ſoulfre, d'or & d'argent dans la Calabre: la manne tombe du Ciel en pluſieurs lieux du Royaume, & principalement en la Calabre. Les cheuaux du Royaume de Naples ſont eſtimez les plus fiers, & propres à la guerre, qui ſe puiſſent trouuer: le païs eſt ſi beau qu'il ſemble vn Paradis terreſtre: Le Roy a l'eſlection de ſept Archeueſchez, & de vingt-quatre Eueſchez, & paye au Pape pour le deuoir de fief, dix mil ducats par an, & vne haquenée: Le reuenu ordinaire du Royaume eſt de trois millions de ducats. Pour le maintien du Royaume, le Roy tient d'ordinaire quatre mil' ſoldats Eſpagnols, & dix-huict compagnies d'hommes d'armes, & cinq compagnies de cheuaux legers, & cent Gentils-hommes, moitié Italiens, & moitié Eſpagnols, qui ſont d'ordinaire en Cour, pour accompagner le Viceroy, tant en temps de paix que de guerre. Voyez auſſi dans Naples l'Egliſe des Grecs, & leur façon de chanter la Meſſe, l'eſcurie du Roy: hors la porte *di Carmeno*, le Palais & jardin du Viceroy. En ce païs les bas de ſoye ſont à grand marché, & pluſieurs draps de meſme eſtoſe.

Poggio reale, à vn mil' hors la ville, jardin de plaiſance, où y a pluſieurs fontaines. Par delà Naples, *monte di ſomma*, qui eſt *mons Veſuuius*, où fut bruſlé Pline, recerchant l'origine du feu qui y eſtoit, comme feit Empedocles à *Ætna*; auiourd'huy n'y a plus de feu.

Nola, petite ville ancienne, tout auprès fut inuentée & fonduë la premiere cloche de *Paulin*, Eueſque pour lors de ladite ville, enuiron l'an cinq cens, elles ont eſté nommées Campane, parce qu'elles furent trouuées en la region de Campanie; les autres l'appellent *Nola* en Latin, du lieu où elle fut premierement faite; En ceſt ville mourut Auguſte Ceſar.

POSSVOLO.

Anciennement *Lucreoli*, delice des Romains, ville à cinq mil' de Naples, és enuirons de laquelle ſe voyent les choſes les plus rares de toute l'Italie, & les plus admirables de nature. *Sanct proculo*, somptueux édifice, iadis Temple de Iupiter, basty de pierres de marbre quarrées, de telle époisseur, que mesme pierre fait la face de dehors & dedans, le tout soustenu par grandes & hautes colomnes, toutes d'vne piece de marbre, & les corniches d'ouurages.

Hors la ville, le Palais Seigneurial, le jardin & estuues naturelles ; Vis-à-vis est le port sur le golfe de *Possuolo*, qui est vn bras de la mer morte.

Estant embarqué sur la mer morte, l'on trouue au milieu d'icelle de grandes arcades de brique, reuestuës de marbre & pierre de taille, qui ne sont plus qu'au nombre de dix-sept : ce que l'on appelle *Molo*, & fut fait par *Caligula*, pour vn pont, trauersant la mer iusques à Baye, s'estant vanté qu'il iroit à cheual de *Pozznole* iusques à Baye, qui sont trois mil' & demy distants.

En allant se voyent sur le riuage, à main droite, des ruines merueilleuses, & des piles en mer pour rompre les flots : Plus loing *Academia Ciceronis*, auec plusieurs arcades & demolitions : où se veoid aussi la fontaine dont fait mention Pline liure 31. chap. 5. parlant de *Academis & aqua Ciceroniana*, bonne pour les yeux : Suiuant ce riuage se veoid *Templum Iouis*, & plus auant *Templum Dianæ*.

Puis *Monte nouo*, grande montagne, faite en moins de vingt-quatre heures, l'an mil' cinq cens trente-sept, sous laquelle fut encombré vn Monastere, & trente-cinq Moines.

Sur tout ce riuage, sont fontaines chaudes & medecinales, pour diuerses maladies, qui seroit chose longue à escrire, pour le grand nombre qui y est. *Bagno del oleo*, qui est comme vne espece d'huile sortant de terre.

Lago Auerno, ce lac est le lieu que les anciens ont tenu estre l'Enfer, où les ames vont, estant separées du corps. Virgile, liure sixiesme, *Aeneidos*.

Facilis descensus auerni.
Noctes atque dies patet atri ianua ditis
Sed reuocare gradum ; superasqué euadere ad auras
Hoc opus hic labor est.

Et plus bas,

Hinc via tartarei quæ fert Acherontis in vndas.

Nautonius passant les ames, & que au fonds du lac y auoit double chemin pour les bons & mauuais. *Virgil. lib. 6. Æneidos.*

Hic locus est parteis vbi se via findit in ambas
Dextera, quæ ditis magni sub mœnia tendit
Hoc iter elisæum nobis ; At leua malorum
Exercet pœnas, & ad impia tartara mittit.

La maison de la Sibille Cumane, sur le riuage dudit lac, qui est au pied d'vne montagne, y allant faut porter torches allumées ; & y ayant long temps cheminé sous la grotte, se trouue la chambre de ladite Sibille, toute luisante de marqueteries, qui est où elle rendoit ses oracles : là il y a plusieurs coins & recoins, allées & passages : Sous ladite montagne y a des eaues bouïllantes, & fait fort chaud là dedans. Au bout d'vne de ces allées y a comme vne Chapelle, taillée dans le roc, où ladite Sibille faisoit ses misteres. Virgile parle de ceste cauerne, & de tout ce qui sera cy apres : car le sixiesme liure des Æneides est vne description de tous ces lieux cy enuironnez.

Les cauernes furent premierement faites par les peuples Cimeriens, qui habitoient sous terre, & ne voyoient iamais ny le iour ny le Soleil.

C'est aussi icy le lieu où la Sibille Cumane feist descendre Æneas és Enfers, auiourd'huy est appellé *Lago de Tripergole.* Ce lac est fait par vn petit fleuue, nommé *Acheron,* sur lequel les anciens ont feint que Caron estoit.

Seno Cuerino, anciennement *Lacus Lucrinus,* fort mentionné par les Autheurs, sur le riuage sont *I bagni di Pugillo, & i bagni di seruiana. Monte Barbaro, mons Garus* anciennement : *Il Sudatorio di Tritola,* à l'entrée sont *i Bagni del sudatorio* ; L'on entre dans vne gallerie, ou allée cauée dans le rocher, de la hauteur de six pieds, la largeur de cinq, de longueur de cinquante pas, où faut porter les torches allumées. Vne autre allée à main droite: dans ceste-cy large de trois pieds, haute de cinq, & longue de quatre cens pas: De premiere entrée on sent vne chaleur pareille que si l'on mettoit la teste en vn four chaud: plus l'on continuë auant, plus la chaleur augmente, & redouble tant que on y soit accoustumé: & pour prendre quelque rafraischissement, faut baisser la teste contre bas, proche de terre: & en chemin se trouuent des souspiraux, dont sort vne telle chaleur, qu'il faut passer auec vne grande vitesse pour l'éuiter: Au sortir de là, l'on est en eau, à cause de la chaleur, ainsi que si l'on estoit tombé dans la riuiere. Ces estuues seches sont fort salubres: & ce qui m'a semblé plus admirable, est, comment l'on a peu cauer ce lieu, veu la chaleur qui y est insuportable. A la sortie y a à costé vne grande sale fort fresche; & plus auant vne autre, qui est merueilleusement chaude, où ordinairement on estaint les torches; & estant sans lumiere, l'on veoid par saillies des clartez au haut de la voulte, en façon d'éclairs, mais il faut qu'il vienne quelque garçon pour r'allumer les torches, ou auoir vn fusil, car autrement l'on ne pourroit sortir dudit lieu.

Baia, ville tres-ancienne, & lieu plaisant. *Horatius*,
   Nullus in orbe locus Baïs prelucet amœnis.

D'autant que tout ce qui se veoid en ces quartiers, semble plustost conte que verité: l'Italie dit, *Sono Baie*, dont vsons aussi en François, quand ne voulons croire quelque chose.

Noms des bains de ces enuirons.

Bagno del arco di Roueria, di san Nicolo dela serofa, di sancta Lucia dela Crocia, del arcolbo, di sancta Maria dela Croce, di Cantarello dela fontana, & autres semblables, propres à diuerses maladies, que entendrez sur le lieu.

Templum Herculis, sur le haut d'vne montagne, qui est où Æneas vid Herculés. Icy estoit le superbe bastiment de *Crassus*, & celuy de *Lucius Piso*. *Alexander Seuerus* y feit bastir vn Palais, pour la santé de sa mere; & au contraire Neron y inuita sa mere, & la fist mourir: *Hortensius* auoit icy la Piscine, dont y a de grands restes de grottes dans la mer, pour tenir le poisson, où il nourriſſoit la Murene, dont Pliné fait mention, liure neufieſme, chapitre cinquante-ſix. Neron feit auſſi faire vne Piſcine, & auoit fait commencer vne foſſe pour côduire vn bras de mer depuis ce lieu iuſques à Rome, ce qu'il vouloit faire couurir. Icy ſe voyent infinies ruines, dont les maſures demonſtrent que c'eſtoient choſes admirables, & y a pluſieurs lieux taillez dans le roc.

Porço Baiano, & plus auant ſur la riue de la mer ſe void la place & veſtiges de l'ancienne ville de *Bauli*. Sur la plus haute montagne, appelée *monte Baulo*, pres de *Bauli* ſont les ruines du magnifique Palais de *Marius*. Et pres de là le lieu où *Agripina* fut enterrée, apres que Neron ſon fils eut exercé ſa cruauté ſur elle.

La *Piſcina mirabile*, qui eſt vn merueilleux édifice dans terre, où *Lucullus* nourriſſoit des poiſſons. Prenez garde à la chaux dont elle eſt baſtie, qui ſont caillous molifiez: ce que de ce temps nul n'a peu trouuer moyen de ce faire.

Le *cento Camerelle*, qui ſont infinis recoins & baſtimens ſoubs terre. *Monte Miſeno*, ainſi nommé, à cauſe que *Miſenus*, compagnon d'Æneas y mourut. Auguſte Ceſar tenoit là ſon armée: Sous ceſte montagne y a tant de voultes & grottes, qu'il ſemble qu'elle ne ſoit que eſtayée. Tous ces lieux ſuſdits ſont comme en vn tripied, proches les vns des autres, & tout proche eſt la ville de Cume; & de ce lieu on peut venir par terre à *Pozzuolo*, par vn chemin qui anciennement eſtoit vne grand'ruë, où des deux coſtez ſont toutes ruines de baſtimens, & beaux Palais, ce qui a eſté mis bas par les tremblemens de terre, fort frequens en ce païs, à cauſe que ſous terre eſt tout ſoulfre, alun, & coperoſe.

De *Poſſuolo*, retournāt à Naples, ſe veoid l'Amphiteatre, appellé la *Scola di Virgilio. Il labirintho*, de pierre de taille. La *Solfatara*, anciennement *Forum Vulcani*, qui eſt vne montagne qui bruſle perpetuellemēt; & au pied y a des fontaines bouïllantes, & côme vn petit eſtang, jettant bouillon enflé de plus de deux pieds haut: De ceſte montagne en ſort vne fumée, ſans ceſſe; les païſans du païs l'appellent *bouche d'Enfer*: ladite fumée guerit pluſieurs maladies; Les anciens feignoient qu'en ce lieu les Geants furent vaincus par Herculés; où eſtant enterrez, ſouſpirent tous les iours; Les ſouſpirs ſont les vents, & le feu qui ſort auec grand bruit deſſous

sous la montagne; & les pleurs sont les fontaines bouillantes. Icy au mois de May se fait le soulfre, & c'est chose belle à veoir.

Tirant vers Naples, se veoid la *Villa di Cicerone*, pres laquelle fut le sepulchre d'Adrian l'Empereur.

Lago Agnano, fort grand lac, auquel n'y a aucun poisson, & y meurt incontinent quand l'on y en met. *Il sudatorio d'Agnano*.

Pres de ce lac, au pied de la montagne, est la grote *del Cane*, qui est vn petit lieu caué dans le roc, large de quatre pieds, haut de cinq, qui commence par vne voulte, laquelle va en declinant, & finit en terre: De sorte que ce lieu est aussi clair qu'vn autre: Neātmoins si vn homme, ou autre animal entre tant soit peu dedans, il tombe soudain mort, si tout à coup on ne l'en tire, pour le baigner au lac prochain: Pour experience, l'on y meit vn chien, qui tomba; à l'heure tournoiant les yeux en la teste, & se debatant des pieds, demeura estendu, & tout en moins que l'on auroit dit vne douzaine de paroles; comme il grouloit encores, il fut retiré auec vne corde, liée en la iambe, & fut plongé au bord de ce lac: toutesfois il ne remua ny pied ny pate, ains deuint tout froid & roide, d'autant qu'ils ne l'auoient assez tost retiré de la grotte: de faict, en fut mis vn autre, & fut poussé auec vn baston fourchu par le colier du chien, qui autrement n'y entreroit, à cause qu'il fleure aysément le danger de cest air: si tost qu'il y fust, & ayant faict les mesmes effects que l'autre, il fut retiré plus promptement, & mis dans l'eau du lac, où il fut vn peu de temps sans se remuer, en fin fit vn long souspir, puis battant des pieds se leua, & s'enfuit tout à coup, comme estourdy & chancelant; & de là à vne douzaine de pas luy reuindrent ses forces, prenant sa course auec vne merueilleuse vitesse, comme s'il eut esté poursuluy; & continua ainsi, tant que l'on ne le peut suiure de la veuë.

Retournant de Naples à Rome, on peut prendre le chemin par *Capua*, ville tres-ancienne, où se veoid vn Amphiteatre; le chasteau du lieu.

Dix mil' plus loing se passe entre les rochers & montagnes fenduës par Hannibal, où le chemin est fort creux, estroit, & obscur; & quinze mil' plus auant se reprend le grand chemin à l'endroit où passe le fleuue *Gariglian*.

D

Sur le chemin de Rome, par la Romagne, il y a vn pont de pierre sur le Tibre, plus auant lequel (enuiron deux mil) estoit la ville des Sabins, & vn peu plus loin Oortæ, rasée par les Romains.

A *Spolete* y a vn ancien arc triomphal d'Auguste Cesar, dont l'inscription est à demy minée par le temps.

A costé gauche, tirant vers Perusé, est le lac, & le lieu où fut baillée la bataille de *Trasimenum*, où Hannibal vainquit les Romains.

La *Madona di Loreto*, faut veoir l'Eglise, & en icelle la Chapelle, qui estoit la chambre de la Vierge, & où elle fut annoncée par l'Ange. Il y a force lampes d'argent, & vne galere donnée par le grand Duc de Florence. La ville fut erigée en Euesché par le Pape Sixte 1586. Voyez aussi le thresor qui est en vne chambre à costé gauche, où vous verrez plusieurs presens des Roys & Princes Chrestiens: entre autres vous y voyez les presens que firent les Roys de Iapon. Au-deuant de l'Eglise vous y voyez la statuë, qui est de bronze, du Pape Sixte cinquiesme, auec l'inscription.

Ancone, *San Kiriaquo*, où y a plusieurs sepulchres, & autres choses à veoir: en vn lieu bas, deux os de machoueres d'vn poisson, longues de dix pieds, large par vn bout de deux & demy, & espoids de demy. *Il molo*, qui entre en mer, & bien auant dans le port: Le chasteau, le Palais public: la sale de la banque. Icy se voyent grande quantité de camelots de Leuant, à cause que les Turcs y trafiquent, & y en a ordinairement grand nombre.

Fano, petite ville, anciennement *Fanum fortunæ*: Icy se veoid la fontaine, & l'arc triomphal fort antique, où y a inscription.

Pesarò, là faut veoir le Palais du Duc d'Vrbin, & en iceluy trois sales pleines d'antiquitez, & autres choses rares: les cheuaux du Duc, qui sont en son escurie hors la ville.

A trois mil' d'Vrbin se veoid encores la sepulture de Hasdrubal, frere de Hannibal.

Rimini, ruines hors la ville, l'arc triomphal, la grand' place, en laquelle est escrite en vne table de marbre la harangue que Iules Cesar fit à ses soldats, apres auoir passé le *Rubicon* en armes: le pont de marbre, tout graué d'inscriptions. Dix mil', ou sept mil' plus loin que *Rimini* est vn petit fleuue nommé *Piffatelo*, & anciennement *Rubicon*, qui estoit le commencement d'Italie, & auoit vn pont, où estoit vne inscription, declarant ennemy du peuple Romain celuy qui auecque armes passeroit ce fleuue, & entreroit en Italie sans congé du Senat: où Cesar s'arresta long temps, retournant des Gaules, pour reuenir à Rome: & apres auoir douté & longuemēt pensé s'il deuoit passer outre auec son armée; & ayant consulté les Augures, y voyant aussi quelques bons signes pour luy, en fin il passa, disant, *Eatur quo deorum ostenta, & inimicorum iniquitas vocat, jactaque sit alea*: Ce que depuis fut cause de tout le trouble d'Italie des guerres ciuiles, & de la mort dudit Cesar: ce fleuue estant passé, il alla à *Rimini*, où il feit la harangue à ses soldats, dont i'ay cy-dessus parlé.

A demy mil' de Rauenne, en y arriuant, y a vne grande pleine, où fut donnée la bataille entre les François & Espagnols, dont la place & victoire demeura aux François.

Rauenne, l'effigie de l'Empereur Iustinian: *San Vitalé*, tres-belle Eglise par dedans; là dedans y a vne pierre de marbre, où les veines representent naturellemēt (comme feroit vn peintre auec les couleurs) vn Prestre, vestus cōme pour chanter Messe, qui monstre la tres-saincte Hostie.

Le Pape Paul III. print vn cousteau, & rasa auecque iceluy, croyant que ce fut quelque peincture, & trouua que c'estoient veines naturelles, faites de la grandeur de Dieu: & fut ce marbre cié (comme l'on dit) par vn François. Il y a des belles Agathes, & Mosaïques. C'est vn Archeuesché, & la principale ville de la Romaghe.

Hors la ville de Rauenne y a vne Eglise, nommée *Sancta Maria*, où se veoid vne belle Chapelle, couuerte d'vne seule pierre de marbre, de longueur & largeur admirable.

En vn bout de la grand' place, vne cuue de porphire, soustenuë sur deux pilliers de marbre, qui est le sepulchre de Theodoric, Empereur des Gots: A costé droit de ce, en vne petite ruë, en vne Chapelle est le sepulchre de Danté, que *Petrus Bembus* luy a fait eriger.

D ij

Les portes de fer de Rauennes penduës en la place par morceaux, ayant esté vaincuës par armes sur ceux de Pauie, qui les auoient desrobées ; sur ce, faut sçauoir l'histoire.

Par toute la Romagne y a quantité de pastel, & y a des mines de soulfre.

A *Faenza*, le Palais de la ville, la vaisselle appellée *Maiolica*, qui est chose fort belle, & s'en trouue aucune autant ou plus estimée que vaisselle d'argét, pour les ouurages & peintures qui y sont. Passant par là, on y peut aller veoir trauailler les ouuriers.

Montagna dela Spina, autrement *deli Serpenti*, pleine de serpents & aspics, qui n'en partent point : mesmes que aux lieux circonuoisins il n'y en aucun.

GENNES.

Le Palais de la Seigneurie, le port, la lanterne, cinq beaux & riches Palais de marbre en la ruë appellée *Strada noua*. La Chappelle qui est en l'Eglise de S. Laurens. Remarquez la pluspart des portes, elles sont de fer, à cause des factions. Vne des belles inscriptions de toute l'Italie en vne grand table de bronze, qui est vn procés entre les Geneuois & leurs voisins, du temps des anciens Romains ; & la sentence interuenuë par les Consuls de Rome. Ce qui a esté puis peu trouué au pied du mont Apenin, lequel mont commence des Alpes de France, & passe par le milieu d'Italie, & finist à la ville de *Regio*, qui est vis-à-vis du Fare de Messine. Entendre la façon des gouuernements de ceste Republique. La maison d'André Dorie hors la ville, & la grotte du jardin.

Sur la coste de Gennes, infinis capriers, oliuiers, orangers, citronniers, & grenadiers.

Sur la riuiere *del Taro*, estant à *Fornoue*, voirrez la place où fut donnée la bataille entre Charles huictiesme, & les Venitiens.

Epithetes des villes d'Italie.

Roma la sancta.
Venetia rica, saggia, & signorile.
Napoli edorifero, & gentile.
Fiorenza bella, tutto il vulgo canta.
Grande Milano in Italia, si vanta.
Bologna grassa.
Ferrara ciuile.
Padoüa forte.
Genoua di superbia, altiera Pianta.
Verona degna.
Bressia, Parma, & Mantua gloriosa.
Siena del bel parlar, Luca industriosa.
Furli Pezaro, & Rauena benigna.
Il Senegalia del aria noiosa.
Capua amorosa.
Ancona del bel porto Pelegrino.
Fidelissimo Vrbino.
Ascoli tondo & longo Racanate.
Le belle donne di fano ci dice.
Ma Siena poi, tra le altere più fœlice.

F I N.

www.ingramcontent.com/pod-product-compliance
Lightning Source LLC
Chambersburg PA
CBHW060636050426
42451CB00012B/2625